PAINS & TARTES
sans gluten

02 SOMMAIRE

PAINS

12	**PETITS PAINS EXPRESS AU TOFU SOYEUX**
14	**BISCOTTES**
16	**PAIN COCOTTE AUX FLOCONS DE SARRASIN**
18	**PETITS PAINS À LA FARINE DE CHÂTAIGNE**
20	**POTATOE BREAD**
22	**PAINS À HAMBURGER**
24	**PAIN AU PESTO**
26	**BLINIS**
28	**FOUGASSE OIGNONS & OLIVES NOIRES**
30	**BRIOCHES À LA CANNELLE**
32	**PETITS PAINS AU LAIT**
34	**BRIOCHE**
36	**PAIN D'ÉPICES**

TARTES

40   **PÂTE À LA FARINE DE RIZ**
TARTELETTES CHAMPIGNONS & MAGRET FUMÉ

42   **PÂTE PETITS SUISSES**
TARTE CAROTTES & CURCUMA

44   **PÂTE POLENTA**
TARTE COURGETTE & FROMAGE BLANC

46   **PÂTE À L'HUILE D'OLIVE**
TARTE POTIMARRON, FETA & OIGNONS ROUGES

48   **PÂTE À PIZZA**
PIZZA TOMATES SÉCHÉES ARTICHAUT & JAMBON

50   **PÂTE AUX FLOCONS DE SARRASIN**
TARTE CRUMBLE POIREAUX, FETA & SARRASIN

52   **PÂTE FROMAGE BLANC**
TARTE MOUSSEUSE CHOCOLAT & PASSION

54   **PÂTE SABLÉE**
TARTELETTES POMME & COING

56   **PÂTE SABLÉE AMANDE**
TARTE À L'ORANGE

58   **PÂTE BEURRE**
TARTE ABRICOTS & ROMARIN

60   **TARTELETTES MACARONS**
CITRON & FRAMBOISE

62   **TARTE DACQUOISE**
TARTE FRAISES, CRÈME AMANDE & MASCARPONE

Pour vous simplifier la vie et rendre la cuisine plus agréable, SEB s'efforce de comprendre au mieux vos besoins afin de vous offrir des solutions innovantes et adaptées. SEB a développé une gamme de fours qui vous permettront de réussir toutes vos cuissons et qui s'intègreront parfaitement dans votre cuisine.

LE FOUR DÉLICE TURBO 30 L

Un four avec 6 fonctions de cuisson pour réussir toutes les recettes ! Une grande capacité de 30 l parfaite pour les plats familiaux ou pour cuire de grosses pièces.

Le label de sécurité Thermo-Respect® est conforme à la norme européenne pour éviter tout risque de brûlure et réduire les températures de surface : poignée sécurité avec zone de préhension décalée, porte double paroi, isolation renforcée des parois extérieures et du tableau de bord.

La fonction Turbo Délice permet une cuisson ultra-rapide.

La chaleur tournante assure une répartition plus homogène de la chaleur. La fonction pâtisserie assure des tartes et quiches à la pâte bien croustillante.

Un entretien ultra-facile grâce aux parois autonettoyantes Cleantech®, au revêtement antiadhésif de la sole et à la résistance relevable et rabattable.

06 SANS GLUTEN TOUT EST POSSIBLE.

INTOLÉRANCE OU ALLERGIE AU GLUTEN NE RIME PAS AVEC PRIVATION ET FRUSTRATION ! GRÂCE À CLAIRE DUPUY, AUTEUR DU BLOG *SANS GLUTEN TOUT EST POSSIBLE*, DÉCOUVREZ UNE NOUVELLE MANIÈRE DE CUISINER EN TOUTE GOURMANDISE.

CLAIRE DUPUY

FARINE DE MAÏS

FARINE DE RIZ BLANC ET FARINE DE RIZ COMPLET

FARINE DE CHÂTAIGNES

LES INGRÉDIENTS SANS GLUTEN

LA FARINE

- **Les mélanges pour le pain sans gluten** : ils s'achètent tout prêts en magasin bio. Ils sont très pratiques car ils contiennent plusieurs farines mélangées pour obtenir un goût équilibré. Il en existe différentes marques, les résultats sont tous différents, à vous de voir ce que vous préférez. Vous pouvez également créer vous-même ce mélange en y mettant vos farines préférées.

- **La farine de riz complet ou semi-complet** : c'est l'ingrédient indispensable pour cuisiner sans gluten. Cette farine fluide au goût très léger peut remplacer la farine de blé dans beaucoup de préparations salées comme sucrées. En revanche, il faudra souvent lui ajouter une autre farine ou de la poudre d'oléagineux pour lui donner plus de corps et de texture.

- **Les autres farines sans gluten** : il en existe beaucoup d'autres : sarrasin, millet, maïs, soja, châtaigne, quinoa, pois-chiche… Ne multipliez pas les achats, ces farines s'utilisent en petite quantité car leur goût est souvent très marqué et leur durée de consommation assez limitée. Achetez un paquet à la fois et utilisez-en 30 à 50 g dans du pain ou dans une pâte à tarte.

LES POUDRES D'OLÉAGINEUX

La poudre d'amande apporte de la texture et de la tenue aux préparations. Elle convient aux préparations salées comme sucrées et complète bien la farine de riz qui est très fluide et manque de matière. Vous pouvez également réaliser de la poudre de noisette ou de noix pour des préparations sucrées.

FLOCONS DE QUINOA

FLOCONS ET FARINE DE SARRASIN

Les flocons de céréales et de légumineuses
Il existe des flocons de riz, de quinoa, de sarrasin, de millet et de châtaigne, de pois-chiche et de soja. Vous les trouverez en magasin bio. Ajoutés dans une pâte à tarte ou dans du pain, ils apporteront de la matière et du goût.

La levure
- La levure de boulanger : elle ne contient pas de gluten. Cependant, si elle est fabriquée dans un atelier utilisant du gluten, une contamination croisée est à craindre. Vous pouvez acheter de la levure de boulanger garantie sans gluten dans les magasins bio.

- La levure chimique et poudre à lever : préférez également une levure garantie sans gluten en magasin bio.

- Le bicarbonate de soude : ce produit fait aussi gonfler les préparations comme le pain d'épices. On le trouve en supermarché ou en pharmacie.

La fécule
La fécule de maïs ou de pomme de terre permet d'apporter du liant et de la matière aux préparations sans gluten. On les trouve en supermarché.

La gomme de guar
Elle apporte moelleux et légèreté au pain sans gluten. Elle permet également d'augmenter la durée de conservation du pain. On la trouve en magasin bio. Certains mélanges de farines pour pain sans gluten contiennent déjà de la gomme de guar, vérifiez bien la composition.

08

LES TECHNIQUES ET ASTUCES DE PRÉPARATION

Le pain

L'activation de la levure
Avant de commencer la réalisation de votre pain, prenez soin d'activer la levure afin de la rendre plus réactive.

La quantité de liquide
Chaque farine réagit différemment, il faut donc adapter la quantité de liquide. Les quantités données dans ce livre sont indicatives, à vous de tester et d'ajuster si nécessaire sachant que la pâte doit être très collante sans être détrempée.

Le pétrissage
Une fois que vous avez mélangé la farine et les liquides, la préparation sans gluten est très collante. Il est donc difficile de la pétrir à la main. Vous pouvez opter pour trois solutions différentes : pétrir le mélange dans la cuve de la machine à pain, pétrir à l'aide de votre robot de cuisine pétrisseur ou encore pétrir grâce aux fouets pétrisseurs de votre batteur électrique.

Former le pain
À la fin du pétrissage, farinez-vous bien les mains, farinez également la pâte et donnez-lui la forme souhaitée. La pâte est très collante et n'est pas très élastique, vous ne pouvez pas la manipuler aussi facilement qu'une pâte à base de farine de blé. Elle doit cuire dans un moule : si vous la déposez directement sur une plaque, elle ne conservera pas sa forme d'origine et s'étalera.

Utilisation et conservation
À la fin de la cuisson, attendez que le pain ait refroidi pour le couper. Conservez-le dans un torchon pendant 24 à 48 h. Au-delà, le pain va sécher et devenir dur. C'est la raison pour laquelle les recettes de pain de ce livre indiquent de petites quantités, cela évite le gâchis. Vous pouvez également congeler le pain en tranches et le passer au grille-pain pour le décongeler le moment venu.

La pâte à tarte

Étaler la pâte
L'absence de gluten rend la pâte à tarte très friable, elle est donc difficile à manipuler et à étaler. Froide, elle sera plus facile à étaler. Voici une solution pour l'étaler : mettez la pâte entre deux feuilles de papier cuisson et étalez la pâte à l'aide d'un rouleau à pâtisserie. Enlevez la feuille de papier du dessus, puis installez la pâte dans le moule en conservant la feuille du dessous. Coupez la pâte qui dépasse.

Faire cuire la pâte
La pâte est assez longue à cuire, il est donc conseillé de la faire précuire.

Démouler la pâte
Pour démouler la pâte, aidez-vous de la feuille de papier cuisson. Attention la pâte est très friable, surtout quand elle est chaude.

10

PAINS

sans gluten

12

POUR 4 PETITS PAINS PRÉPARATION 10 MIN CUISSON 30 MIN

PETITS PAINS EXPRESS AU TOFU SOYEUX

Grâce au tofu soyeux, cette recette ne nécessite pas de temps de repos. Pratique, non ?

- 250 g DE FARINE POUR PAIN SANS GLUTEN
- 250 g DE TOFU SOYEUX
- 5 g DE LEVURE DE BOULANGER
- 1 c. à c. DE GOMME DE GUAR
- 1 c. à c. DE SEL
- 1 c. à s. D'HUILE D'OLIVE

Préchauffez le four à 200 °C (th. 6-7).

Mettez la farine, le tofu soyeux, la levure, la gomme de guar et le sel dans un saladier. Mélangez rapidement à la main jusqu'à l'obtention d'une pâte homogène. Séparez la pâte en quatre parts égales. Farinez-vous bien les mains et formez des boules. Déposez-les sur une plaque recouverte de papier cuisson. Badigeonnez-les d'huile d'olive et enfournez.

Faites cuire pendant 30 min. À la fin de la cuisson, laissez refroidir avant de déguster.

CONSEIL

Vous pouvez ajouter des graines de sésame, de pavot ou de lin dans ces petits pains.

14

POUR **UNE VINGTAINE DE BISCOTTES**   PRÉPARATION **20 MIN**   CUISSON **1 H 20**   REPOS **1 H**

BISCOTTES

<u>Le plaisir de petites biscottes</u>
qui croquent sous la dent, à tartiner
de beurre et de confiture au petit déjeuner.

- 180 G DE FARINE POUR PAIN SANS GLUTEN
- 5 G DE LEVURE DE BOULANGER
- 1 C. À C. DE SUCRE DE CANNE
- 1 ŒUF
- 10 CL DE LAIT
- 10 G DE BEURRE
- 1 C. À C. DE GOMME DE GUAR
- 1 C. À S. D'HUILE D'OLIVE
- 1 PINCÉE DE SEL

Mélangez la levure et le sucre dans 5 cl d'eau tiède. Laissez mousser une dizaine de minutes. Pendant ce temps, faites tiédir le lait et fondre le beurre.

Dans un saladier, mélangez la farine, la gomme de guar et le sel. Ajoutez l'œuf, le beurre fondu, l'huile d'olive, le mélange levure/sucre et le lait tiédi. Mélangez jusqu'à obtenir un mélange homogène. Mettez la pâte dans un moule à cake recouvert de papier cuisson. Recouvrez d'un torchon humide et laissez reposer dans un endroit tiède pendant 1 h.

Préchauffez le four à 180 °C (th. 6). Enfournez et faites cuire pendant 40 min. À la fin de la cuisson, démoulez, puis laissez refroidir.

Coupez en tranches d'environ 1 cm et déposez-les sur la grille du four. Faites cuire à 100 °C (th. 3) pendant 40 min à 1 h, selon le croustillant désiré.

CONSEIL

Vous pouvez remplacer le lait de vache par du lait végétal (lait d'amande, de noisette, de riz, de soja). Vous pouvez également remplacer 30 g de farine pour pain sans gluten par de la farine de châtaigne ou de sarrasin.

PAIN COCOTTE
AUX FLOCONS DE SARRASIN

POUR 1 PAIN PRÉPARATION 15 MIN CUISSON 1 H REPOS 1 H

Un mode de cuisson étonnant
pour un pain au moelleux très séduisant.

- 300 G DE FARINE POUR PAIN SANS GLUTEN
- 60 G + 2 C. À S. DE FLOCONS DE SARRASIN
- 1 C. À C. DE GOMME DE GUAR
- 1 PINCÉE DE SEL
- 10 CL DE LAIT
- 1 PINCÉE DE SUCRE DE CANNE
- 5 G DE LEVURE DE BOULANGER
- 1 C. À S. D'HUILE D'OLIVE

Faites tiédir le lait, versez-le dans un bol et ajoutez le sucre et la levure. Laissez mousser une dizaine de minutes.

Mettez la farine, les flocons de sarrasin, la gomme de guar et le sel dans un saladier. Mélangez, puis ajoutez le mélange lait/levure, l'huile d'olive et 20 cl d'eau tiède. Pétrissez jusqu'à obtenir une pâte homogène.

Chemisez de papier cuisson une cocotte d'environ 20 cm de diamètre. Farinez-vous bien les mains et formez une boule avec la pâte. Déposez-la dans la cocotte et mettez le couvercle. Laissez reposer pendant 1 h.

Préchauffez le four à 200 °C (th. 7). Lorsque la pâte a bien gonflé, saupoudrez-la du reste de flocons de sarrasin. Remettez le couvercle et enfournez. Faites cuire pendant 30 min, puis retirez le couvercle, et poursuivez la cuisson pendant encore 30 min. Laissez refroidir avant de couper le pain.

 CONSEIL

Remplacez les flocons de sarrasin par d'autres flocons : riz, quinoa, châtaigne...

18

POUR 6 PETITS PAINS   PRÉPARATION 20 MIN   CUISSON 30 MIN   REPOS 1 H

PETITS PAINS À LA FARINE DE CHÂTAIGNE

<u>Des petits pains parfaits</u>
pour accompagner du fromage ou du pâté.

- 200 G DE FARINE POUR PAIN SANS GLUTEN
- 100 G DE FARINE DE CHÂTAIGNE
- 15 CL DE LAIT
- 1 C. À C. DE SUCRE DE CANNE
- 5 G DE LEVURE DE BOULANGER
- 1 C. À C. DE SEL
- 1 C. À C. DE GOMME DE GUAR
- 1 C. À S. D'HUILE D'OLIVE
- 3 C. À S. DE GRAINES MÉLANGÉES

Faites tiédir le lait, versez-le dans un bol et ajoutez le sucre et la levure. Laissez mousser une dizaine de minutes.

Mettez les farines dans un saladier, ajoutez le sel, la gomme de guar et 2 c. à s. de graines. Mélangez, puis versez le mélange lait/levure et 15 cl d'eau tiède. Pétrissez jusqu'à obtenir un mélange homogène. Farinez bien vos mains et formez 6 boules régulières. Déposez-les sur une plaque recouverte de papier cuisson. Recouvrez d'un torchon humide et laissez lever pendant 1 h dans un endroit tiède.

Préchauffez le four à 200 °C (th. 7). Badigeonnez les petits pains d'huile d'olive et saupoudrez du reste de graines. Enfournez et faites cuire pendant 25 à 30 min.

Vous pouvez ajouter des noix ou des noisettes concassées dans ces petits pains.

20

POUR 1 PAIN PRÉPARATION 20 MIN CUISSON 1 H 05 REPOS 1 H

POTATOE BREAD

L'ingrédient secret de ce pain :
la purée de pomme de terre !

- 250 G DE FARINE POUR PAIN SANS GLUTEN
- 250 G DE POMME DE TERRE
- 1 PINCÉE DE SUCRE DE CANNE
- 5 G DE LEVURE DE BOULANGER
- 1 C. À C. DE SEL
- 1 C. À C. DE GOMME DE GUAR
- 1 C. À S. D'HERBES DE PROVENCE
- 2 C. À S. D'HUILE D'OLIVE

Épluchez les pommes de terre, lavez-les et coupez-les en dés. Vous devez obtenir 200 g de pomme de terre. Mettez-les dans une casserole d'eau froide salée, puis portez à ébullition. À partir de l'ébullition, faites cuire pendant une dizaine de minutes, la chair doit être tendre. Égouttez-les en conservant l'eau de cuisson. Écrasez les pommes de terre avec 1 c. à s. d'huile d'olive.

Récupérez 15 cl d'eau de cuisson, ajoutez-y le sucre et la levure. Laissez mousser une dizaine de minutes.

Mettez la farine, le sel, la gomme de guar et les herbes de Provence dans un saladier, puis ajoutez la purée de pomme de terre. Versez le mélange eau/levure et pétrissez pendant quelques minutes. Le mélange doit être homogène et très collant. Si besoin, ajoutez un peu d'eau. Farinez vos mains et formez une boule régulière. Mettez-la dans un moule à cake recouvert de papier cuisson. Recouvrez d'un torchon humide et laissez lever pendant 1 h dans un endroit tiède.

Préchauffez le four à 180 °C (th. 6). Badigeonnez le pain d'huile d'olive et enfournez. Faites cuire pendant 45 min. Laissez refroidir avant de déguster.

> **CONSEIL**
>
> Coupez de fines tranches de pain et tartinez-les de tapenade pour l'apéritif.

PAINS À HAMBURGER

POUR 4 PAINS — PRÉPARATION 15 MIN — CUISSON 20 MIN — REPOS 1 H

<u>Un burger maison, qui n'en a jamais rêvé?</u>
Un plaisir possible, même sans gluten!

- 300 G DE FARINE POUR PAIN SANS GLUTEN
- 15 CL DE LAIT
- 5 G DE LEVURE DE BOULANGER
- 1/2 C. À C. DE SUCRE DE CANNE
- 2 ŒUFS
- 1/2 C. À C. DE SEL
- 20 G DE BEURRE
- 1 C. À S. DE GRAINES DE SÉSAME

Faites tiédir le lait, versez-le dans un bol, puis ajoutez la levure et le sucre. Mélangez et laissez mousser une dizaine de minutes. Pendant ce temps, battez 1 œuf entier à la fourchette et faites fondre le beurre.

Mélangez la farine et le sel dans un saladier. Ajoutez le mélange lait/levure, 10 cl d'eau tiède, l'œuf battu et le beurre fondu. Pétrissez jusqu'à l'obtention d'une pâte homogène. Farinez bien la pâte, ainsi que vos mains et séparez la pâte en quatre. Façonnez chaque morceau en une boule bien régulière. Déposez-les sur une plaque recouverte de papier cuisson et aplatissez-les légèrement. Recouvrez d'un torchon humide et laissez lever pendant 1 h dans un endroit tiède.

Préchauffez le four à 180 °C (th. 6). Battez l'œuf restant et badigeonnez-en les petits pains. Saupoudrez de graines de sésame et enfournez. Faites cuire pendant 20 min. Dégustez le jour même.

CONSEIL

Coupez les pains en deux et faites-les griller dans la poêle avant de composer vos burgers. Si vous les trouvez un peu trop gros, n'hésitez pas à couper un peu d'épaisseur. Mon burger préféré : confit d'oignon, bœuf, bacon et cantal, un régal !

PAIN AU PESTO

<u>Un pain à la belle couleur verte</u>
qui sent bon le sud! Tartiné de tapenade,
il sera parfait à l'apéritif.

- 200 G DE FARINE POUR PAIN SANS GLUTEN
- 30 G DE POUDRE D'AMANDE
- 1 C. À C. DE GOMME DE GUAR
- 1 C. À S. DE SEL
- 1 C. À C. DE SUCRE DE CANNE
- 5 G DE LEVURE DE BOULANGER
- 4 C. À S. DE PESTO
- 1 C. À S. D'HUILE D'OLIVE
- 1 C. À S. DE PIGNONS DE PAIN

Mélangez 25 cl d'eau tiède, le sucre et la levure dans un bol. Laissez mousser pendant 10 min.

Mélangez la farine, la poudre d'amande, la gomme de guar et le sel dans un saladier. Ajoutez le mélange eau/levure et 1 c. à s. de pesto, puis pétrissez rapidement pour obtenir un mélange homogène.

Déposez une feuille de papier cuisson sur le plan de travail et farinez-la. Farinez bien vos mains ainsi que la pâte, et formez une boule. Aplatissez-la avec vos mains jusqu'à former un rectangle d'environ 30 cm x 20 cm. Étalez le pesto sur toute la surface de la pâte, puis roulez-la sur elle-même. Roulez ce long rouleau de pâte sur lui-même pour obtenir un escargot. Déposez la pâte dans un moule rond de 20 cm de diamètre recouvert de papier cuisson. Recouvrez d'un torchon humide et laissez lever pendant 1 h dans un endroit tiède.

Préchauffez le four à 200 °C (th. 7). Badigeonnez le pain d'huile et saupoudrez de pignons concassés. Faites cuire 25 min. Laissez refroidir et coupez en tranches.

CONSEIL

Réalisez un pesto maison en mixant 1 bouquet de basilic, 2 c. à s. de poudre d'amande, 2 c. à s. d'huile d'olive, 2 c. à s. d'eau, le jus de 1/2 citron, 1/2 gousse d'ail, du sel et du poivre.

26

POUR ENVIRON 15 BLINIS MOYENS
PRÉPARATION 15 MIN
CUISSON 10 MIN
REPOS 1 H

BLINIS

Un peu de saumon fumé, une sauce citronnée et une salade, un dîner rapide à préparer !

- 200 G DE FARINE POUR PAIN SANS GLUTEN
- 2 ŒUFS
- 20 CL DE LAIT
- 1 C. À C. DE SUCRE DE CANNE
- 5 G DE LEVURE DE BOULANGER
- 1 C. À S. D'HUILE D'OLIVE
- SEL
- POIVRE

Faites tiédir le lait, versez-le dans un bol, puis ajoutez le sucre et la levure. Mélangez et laissez mousser pendant 10 min. Séparez les blancs des jaunes d'œufs, puis montez les blancs en neige ferme.

Mettez la farine, le sel et le poivre dans un saladier, puis ajoutez le mélange lait/levure et mélangez. Ajoutez alors les jaunes d'œufs et l'huile d'olive, puis mélangez au fouet. Ajoutez délicatement les blancs d'œufs et mélangez de nouveau pour obtenir une préparation homogène. Laissez reposer pendant 1 h dans un endroit tiède.

Faites chauffer une poêle avec un fond d'huile d'olive. Versez une grosse cuillerée à soupe de pâte. Lorsque des bulles se forment à la surface, retournez les blinis. Attention, la cuisson est très rapide. Dégustez tout de suite.

CONSEIL

Vous pouvez remplacer le lait de vache par du lait de soja et ajouter des herbes comme de la ciboulette dans la pâte.

FOUGASSE OIGNONS & OLIVES NOIRES

Cette fougasse
est idéale pour un pique-nique,
elle se grignote avec gourmandise.

- 100 G DE FARINE POUR PAIN SANS GLUTEN
- 50 G DE FARINE DE MAÏS
- 1 C. À C. DE GOMME DE GUAR
- 5 G DE LEVURE DE BOULANGER
- 1 C. À C. DE SUCRE DE CANNE
- 2 C. À S. D'HUILE D'OLIVE
- 1 GROS OIGNON
- 20 OLIVES NOIRES DÉNOYAUTÉES
- 1 PINCÉE D'HERBES DE PROVENCE
- SEL
- POIVRE

Épluchez l'oignon et émincez-le très finement. Mettez-le dans une poêle avec 1 c. à s. d'huile d'olive et faites-le cuire pendant 10 min. Émincez finement les olives noires.

Mélangez 15 cl d'eau tiède, le sucre et la levure dans un bol. Laissez mousser pendant 10 min.

Dans un saladier, mélangez les farines avec la gomme de guar, ajoutez le reste d'huile d'olive, le sel, le poivre et les herbes de Provence. Ajoutez le mélange eau/levure et pétrissez quelques minutes pour obtenir une pâte homogène. Ajoutez ensuite les oignons et les olives, puis mélangez pour bien les intégrer à la préparation.

Recouvrez une plaque de papier cuisson. Farinez la pâte et vos mains, puis étalez-la en lui donnant une forme ovale. Vous pouvez faire quelques incisions pour décorer la fougasse. Recouvrez d'un torchon humide et laissez lever pendant 1 h dans un endroit tiède.

Préchauffez le four à 180 °C (th. 6). Enfournez et faites cuire pendant 25 min. Dégustez tiède, c'est délicieux.

> CONSEIL
>
> Variez les garnitures selon vos préférences : ajoutez lardons, tomates séchées, herbes aromatiques...

BRIOCHES À LA CANNELLE

Pour 8-10 brioches — **Préparation** 25 min — **Cuisson** 20 min — **Repos** 1 h

Des petites brioches
à dévorer à Noël !

- 200 g DE FARINE POUR PAIN SANS GLUTEN
- 50 g DE POUDRE D'AMANDE
- 40 g + 1 c. à c. DE SUCRE DE CANNE
- 1 c. à c. DE GOMME DE GUAR
- 1 PINCÉE DE SEL
- 12 cl DE LAIT
- 5 g DE LEVURE DE BOULANGER
- 40 g DE BEURRE
- 1 ŒUF

POUR LA GARNITURE
- 2 c. à s. DE PURÉE D'AMANDE BLANCHE
- 1 c. à s. DE LAIT
- 2 c. à c. DE CANNELLE

Faites tiédir le lait, versez-le dans un bol, puis ajoutez 1 c. à c. de sucre et la levure. Mélangez et laissez mousser pendant 10 min. Faites fondre le beurre et battez légèrement l'œuf. Mettez la farine, la poudre d'amande, le sucre, la gomme de guar et le sel dans un saladier, puis mélangez. Ajoutez le beurre fondu, l'œuf battu et le mélange lait/levure. Pétrissez jusqu'à obtenir un mélange homogène.

Placez une feuille de papier cuisson sur le plan de travail et farinez-la. Farinez vos mains et formez une boule avec la pâte. Aplatissez-la avec vos main jusqu'à obtenir un rectangle d'environ 20 x 30 cm.

Mélangez dans un bol la purée d'amande, le lait et la cannelle. Badigeonnez la pâte de cette préparation. Roulez ensuite la pâte sur elle-même. Détaillez-la en petites tranches avec un couteau. Mettez ces petites brioches dans les empreintes d'un moule à muffins ou dans de petits moules individuels assez profonds. Recouvrez d'un torchon humide et laissez lever pendant 1 h dans un endroit tiède.

Préchauffez le four à 180 °C (th. 6). Badigeonnez les brioches de lait. Faites cuire pendant 20 min, dégustez tiède, c'est bien meilleur !

CONSEIL

Avant d'enfourner, saupoudrez les brioches de sucre en grain. Pour une version chocolat, remplacez la cannelle par du cacao en poudre.

PETITS PAINS AU LAIT

Des petits pains ultra régressifs
qui feront le plaisir des petits et des grands.

- 300 G DE FARINE POUR PAIN SANS GLUTEN
- 25 CL DE LAIT (DE VACHE OU VÉGÉTAL)
- 10 G DE LEVURE DE BOULANGER
- 4 C. À S. + 1 C. À C. DE SUCRE DE CANNE
- 100 G DE BEURRE
- 1 C. À C. DE SEL
- 1 C. À C. DE GOMME DE GUAR
- 1 C. À S. D'EAU DE FLEUR D'ORANGER
- 2 C. À S. DE SUCRE EN GRAIN

Faire tiédir le lait, versez-le dans un bol et ajoutez la levure et 1 c. à c. de sucre, puis mélangez. Laissez mousser une dizaine de minutes, pendant ce temps, faites fondre le beurre.

Mettez la farine, le sucre, le beurre fondu, le sel, la gomme de guar et la fleur d'oranger dans un saladier. Ajoutez le mélange lait/levure. Pétrissez jusqu'à obtenir un mélange homogène, puis farinez-vous bien les mains et formez huit pains allongés.

Déposez-les sur un moule à baguette. Recouvrez d'un torchon humide et laissez reposer dans un endroit tiède pendant 1 h.

Préchauffez le four à 180 °C (th. 6). Badigeonnez les petits pains de lait et saupoudrez-les de sucre en grains. Enfournez et faites cuire 20 min environ.

> **CONSEIL**
>
> Vous pouvez mettre des pépites de chocolat dans la pâte.
>
> Si vous n'avez pas de moule à baguette, bricolez un peu ! Formez des boudins avec du papier aluminium. Placez-les sur la plaque du four et recouvrez-les de papier cuisson.

BRIOCHE

<u>Une brioche moelleuse</u>
au petit goût d'amande. Grillée, elle est parfaite !

- 200 G DE FARINE POUR PAIN SANS GLUTEN
- 50 G DE POUDRE D'AMANDE
- 20 CL DE LAIT
- 5 G DE LEVURE DE BOULANGER
- 40 G + 1 C. À C. DE SUCRE DE CANNE
- 1 C. À C. DE GOMME DE GUAR
- 1 C. À C. DE SEL
- 50 G DE BEURRE
- 2 ŒUFS
- 1 C. À S. D'EAU DE FLEUR D'ORANGER

Faites tiédir le lait, versez-le dans un bol, puis ajoutez le sucre et la levure. Laissez mousser une dizaine de minutes. Battez les œufs à la fourchette.

Dans un saladier, mélangez la farine, la poudre d'amande, le sucre, la gomme de guar et le sel. Ajoutez le beurre fondu, le mélange lait/levure et les œufs battus. Mélangez bien et ajoutez l'eau de fleur d'oranger. Pétrissez jusqu'à obtenir un mélange homogène.

Séparez la pâte en quatre morceaux. Farinez bien vos mains et formez quatre boules de même taille. Mettez-les les unes contre les autres dans un moule à cake recouvert de papier cuisson. Recouvrez d'un torchon humide et laissez lever pendant 1 h dans un endroit tiède.

Préchauffez le four à 180 °C (th. 6). Badigeonnez la brioche de lait. Enfournez et faites cuire pendant 30 min. Laissez refroidir avant de couper en tranches.

CONSEIL

Vous pouvez également réaliser cette recette avec du lait d'amande. Pour une version très gourmande, ajoutez 100 g de pépites de chocolat dans la pâte.

PAIN D'ÉPICES

POUR 1 PAIN — **PRÉPARATION 20 MIN** — **CUISSON 1 H**

<u>Le pain d'épices</u> est un incontournable des fêtes de fin d'année, il accompagne parfaitement le foie gras ! Il est aussi délicieux au petit déjeuner.

- 220 G DE FARINE DE RIZ
- 30 G DE FARINE DE CHÂTAIGNE
- 30 G DE VERGEOISE BRUNE
- 1 C. À C. DE MÉLANGE À PAIN D'ÉPICES
- 1 PINCÉE DE SEL
- 25 CL DE LAIT
- 250 G DE MIEL LIQUIDE
- 1 C. À C. DE BICARBONATE DE SOUDE
- 1 C. À S. D'EAU DE FLEUR D'ORANGER

Préchauffez le four à 150 °C (th. 5).

Dans un saladier, mélangez la farine de riz et la farine de châtaigne, la vergeoise, les épices et le sel.

Mettez le lait dans une casserole, puis portez-le à ébullition. Hors du feu, ajoutez le miel, mélangez pour le faire fondre, puis ajoutez le bicarbonate, le mélange va mousser. Mélangez bien, puis versez dans le saladier avec l'eau de fleur d'oranger. Mélangez de nouveau pour obtenir une pâte homogène, sans grumeaux. Si besoin, mixez la pâte à l'aide d'un mixeur plongeant.

Huilez légèrement un moule à cake, puis versez-y la pâte. Enfournez pour 1 h. À la fin de la cuisson, attendez que le pain d'épices refroidisse pour le couper en tranches.

CONSEIL

Pour une version express, mélangez tous les ingrédients dans la cuve d'un mixeur. Si vous n'avez pas de farine de châtaigne, utilisez 250 g de farine de riz.

38

TARTES

sans gluten

POUR **6** PERSONNES   PRÉPARATION **20** MIN   CUISSON **25** MIN   REPOS **30** MIN

TARTELETTES CHAMPIGNONS & MAGRET FUMÉ

<u>Des petites tartelettes festives, à grignoter à l'apéritif</u> ou en plat unique avec de la salade.

PÂTE À TARTE

- **150 G** DE FARINE DE RIZ
- **40 G** DE FLOCONS DE QUINOA
- **60 G** DE BEURRE
- SEL

GARNITURE

- **UNE QUINZAINE** DE CHAMPIGNONS DE PARIS (SELON LA TAILLE)
- **1** ÉCHALOTE
- **2 C. À S.** D'HUILE D'OLIVE
- **150 G** DE MAGRET DE CANARD FUMÉ EN TRANCHES
- **1** POIGNÉE DE NOIX
- SEL
- POIVRE

Dans un saladier, mélangez la farine de riz, les flocons de quinoa et le sel. Ajoutez le beurre coupé en petits morceaux et mélangez à la main. Ajoutez **1/2** verre d'eau et formez une boule. Emballez-la dans du film alimentaire et mettez au réfrigérateur pendant **30 min**.

Préchauffez le four à **180 °C** (th. 6). Étalez la pâte et, à l'aide d'un emporte-pièce d'environ **8 cm** de diamètre, détaillez une dizaine de ronds de pâte. Déposez-les sur une plaque recouverte de papier cuisson.

Nettoyez **4-5** champignons et coupez les pieds. Épluchez l'échalote, mixez-la avec les champignons et **1 c. à s.** d'huile d'olive, salez et poivrez. Étalez cette préparation sur les tartelettes en laissant un peu de bord sans préparation. Nettoyez les champignons restants et émincez-les. Déposez-les en alternant avec les tranches de magret fumé. Arrosez d'huile d'olive, salez et poivrez. Écrasez grossièrement les noix et saupoudrez-les sur les tartelettes. Enfournez et faites cuire pendant **25 min**.

Dégustez tiède en entrée ou à l'apéritif.

CONSEIL

Ajoutez du persil sur ces tartelettes. Vous pouvez réaliser cette recette dans des petits moules pour une présentation soignée.

TARTE CAROTTES & CURCUMA

POUR 6 PERSONNES · PRÉPARATION 20 MIN · CUISSON 30 MIN · REPOS 30 MIN

Une recette saine et bonne pour le teint !

PÂTE À TARTE
- 3 PETITS SUISSES
- 150 G DE FARINE DE RIZ COMPLET
- 30 G DE FARINE DE MAÏS
- 40 G DE BEURRE
- SEL

GARNITURE
- 20 CL DE CRÈME DE SOJA
- 2 ŒUFS
- 3 CAROTTES
- 1 C. À S. DE CURCUMA
- 1 C. À S. DE GRAINES DE SÉSAME
- SEL
- POIVRE

Mettez les farines, le sel et le poivre dans un saladier. Ajoutez le beurre en petits dés et les petits suisses. Mélangez et formez une boule. Emballez-la dans du film alimentaire et mettez au réfrigérateur pendant 30 min.

Préchauffez le four à 180 °C (th. 6). Étalez la pâte à tarte entre deux feuilles de papier cuisson. Mettez-la dans un moule à tarte de 28 cm de diamètre en conservant la feuille de papier cuisson sous la pâte. Enfournez et faites précuire une dizaine de minutes, le temps de préparer la garniture.

Épluchez les carottes, puis râpez-les finement. Mettez les œufs, la crème de soja et le curcuma dans un saladier. Fouettez, puis ajoutez les carottes, salez, poivrez et mélangez bien.

Versez le mélange aux carottes sur la pâte. Saupoudrez de graines de sésame, puis enfournez. Faites cuire pendant 30 min.

CONSEIL

Vous pouvez ajouter de la coriandre hachée.

TARTE COURGETTE & FROMAGE BLANC

Le secret de cette tarte :
la moutarde qui relève le goût !

PÂTE À TARTE

- 150 g DE FARINE DE RIZ
- 30 g DE FARINE DE POIS CHICHES
- 100 g DE FROMAGE BLANC
- 1 ŒUF
- 1 PINCÉE DE SEL
- POIVRE

GARNITURE

- 2 COURGETTES
- 1 C. À S. DE MOUTARDE
- 100 g DE FROMAGE BLANC
- 1/2 GOUSSE D'AIL
- 10 FEUILLES DE BASILIC
- 1 C. À S. D'HUILE D'OLIVE
- SEL
- POIVRE

Mettez les farines, le sel et le poivre dans un saladier. Ajoutez le fromage blanc et l'œuf. Mélangez et formez une boule. Si besoin, ajoutez un peu d'eau. Emballez la boule dans du film alimentaire et placez au réfrigérateur pendant 30 min.

Préchauffez le four à 180 °C (th. 6). Étalez la pâte à tarte entre deux feuilles de papier cuisson. Mettez-la dans un moule à tarte de 28 cm de diamètre en conservant la feuille de papier cuisson sous la pâte. Enfournez et faites précuire une dizaine de minutes, le temps de préparer la garniture.

Lavez les courgettes. Coupez-en 1 grossièrement et mettez-la dans le bol d'un mixeur. Ajoutez la moutarde, le fromage blanc, l'ail et la moitié du basilic. Salez, poivrez et mixez jusqu'à ce que la courgette soit bien réduite.

Versez ce mélange sur le fond de tarte. À l'aide d'une mandoline, tranchez très finement l'autre courgette. Déposez joliment les rondelles de courgette sur la tarte. Hachez le basilic restant et saupoudrez-le sur la tarte. Salez, poivrez et arrosez d'huile d'olive. Enfournez et faites cuire pendant 20 à 25 min.

CONSEIL

Vous pouvez ajouter de la mozzarella ou de la feta sur cette tarte. Pour une version sans lactose, remplacez le fromage blanc par du yaourt de soja nature.

TARTE POTIMARRON, FETA & OIGNONS ROUGES

<u>Un plat hivernal</u>
et chaleureux aux belles couleurs

PÂTE À TARTE
- 150 G DE FARINE DE RIZ
- 30 G DE FARINE DE SARRASIN
- 4 C. À S. D'HUILE D'OLIVE
- SEL
- POIVRE

GARNITURE
- 500 G DE POTIMARRON BIO AVEC LA PEAU
- 2 OIGNONS ROUGES
- 130 G DE FETA
- 4 C. À S. D'HUILE D'OLIVE
- 1 C. À S. DE THYM
- SEL
- POIVRE

Mettez les farines, le sel et le poivre dans un saladier. Ajoutez l'huile d'olive et mélangez. Ajoutez 1/2 verre d'eau et formez une boule. Emballez-la dans du film alimentaire et placez au réfrigérateur pendant 30 min.

Préchauffez le four à 180 °C (th. 6).
Lavez le potimarron, gardez la peau s'il est bio et coupez-le en petits dés. Déposez ces dés sur une plaque recouverte de papier cuisson. Arrosez de 2 c. à s. d'huile d'olive et mélangez à la main pour en imprégner chaque morceau. Enfournez et faites cuire pendant 25 min.

Épluchez les oignons, puis émincez-les très finement à l'aide d'une mandoline. Mettez-les dans une poêle avec le reste d'huile d'olive et faites-les revenir pendant 5-6 min. Émiettez grossièrement la feta.

Étalez la pâte entre deux feuilles de papier cuisson. Installez-la dans un moule à tarte de 28 cm de diamètre en conservant la feuille de papier cuisson sous la pâte. Étalez les oignons, ajoutez les dés de potimarron et la feta. Salez, poivrez et saupoudrez de thym. Enfournez et faites cuire pendant 30 min.

CONSEIL

Ajoutez des graines de courge sur la tarte, elles sont délicieuses !

48

POUR **4** PERSONNES   PRÉPARATION **20** MIN   CUISSON **25** MIN   REPOS **1** H

PIZZA TOMATES SÉCHÉES ARTICHAUT & JAMBON

<u>Une vraie bonne pâte à pizza,</u> moelleuse et croustillante.

PÂTE À PIZZA

- **250 G** DE FARINE À PAIN SANS GLUTEN
- **5 G** DE LEVURE DE BOULANGER
- **1 C. À C.** DE SUCRE DE CANNE
- **1 C. À S.** D'HUILE D'OLIVE
- SEL

GARNITURE

- **150 G** DE COULIS DE TOMATE
- **50 G** DE TOMATES SÉCHÉES
- **1 POT** DE CŒURS D'ARTICHAUT À L'HUILE
- **1 BOULE** DE MOZZARELLA
- **10** TRANCHES FINES DE JAMBON FUMÉ
- **10** FEUILLES DE BASILIC
- SEL
- POIVRE

Mélangez le sucre et la levure à **20 cl** d'eau tiède. Laissez mousser pendant **10 min** environ. Mettez la farine et le sel dans un saladier. Ajoutez la levure diluée ainsi que l'huile d'olive, puis pétrissez pendant **5 min**. Formez une boule et laissez gonfler pendant **1 h** dans un endroit tiède.

Préchauffez le four à **200 °C** (th. 7). Recouvrez une plaque de papier cuisson. Déposez la pâte dessus et, à l'aide d'un rouleau à pâtisserie, étalez-la finement. Étalez le coulis de tomate sur la pâte. Coupez la mozzarella en tranches, détaillez les tomates séchées en petits morceaux. Lavez les feuilles de basilic et ciselez-les. Déposez la mozzarella, les tomates séchées et les cœurs d'artichaut sur la pizza. Parsemez de basilic, arrosez d'huile d'olive, salez et poivrez.

Enfournez et faites cuire pendant **25 min**. À la sortie du four, déposez les tranches de jambon fumé et servez sans attendre.

CONSEIL

Vous pouvez ajouter des herbes de Provence dans la pâte à pizza. Variez les garnitures selon vos goûts !

TARTE CRUMBLE POIREAUX, FETA & SARRASIN

POUR 6 PERSONNES — PRÉPARATION 20 MIN — CUISSON 40 MIN — REPOS 1 H

<u>Une tarte qui mêle</u>
tendres poireaux et crumble croustillant.

PÂTE À TARTE
- 150 G DE FARINE DE RIZ
- 40 G DE FLOCONS DE SARRASIN
- 60 G DE BEURRE
- SEL

GARNITURE
- 5 POIREAUX
- 3 C. À S. D'HUILE D'OLIVE
- 5 C. À S. DE FARINE DE RIZ COMPLET
- 5 C. À S. DE FLOCONS DE SARRASIN
- 150 G DE FETA
- SEL
- POIVRE

Dans un saladier, mélangez la farine de riz, les flocons de sarrasin et le sel. Ajoutez le beurre coupé en petits morceaux et mélangez à la main. Ajoutez 1/2 verre d'eau et formez une boule. Emballez-la dans du film alimentaire et mettez au réfrigérateur pendant 1 h. Préchauffez le four à 180 °C (th. 6). Étalez la pâte et mettez-la dans un moule à tarte. Enfournez et faites précuire pendant 10 min, le temps de préparer la garniture.

Épluchez les poireaux et lavez-les. Coupez-les finement, puis faites-les revenir dans une poêle avec 1 c. à s. d'huile d'olive. Faites-les cuire pendant 10 min.

Pendant ce temps, préparez le crumble. Mettez la farine de riz et les flocons de sarrasin dans un saladier, puis mélangez. Émiettez la feta et ajoutez-la. Salez, poivrez, puis ajoutez 2 c. à s. d'huile d'olive et 2 c. à s. d'eau. Mélangez du bout des doigts pour obtenir des miettes.

Répartissez les poireaux sur le fond de tarte, puis recouvrez du crumble. Enfournez et faites cuire pendant 30 min.

CONSEIL

Vous pouvez ajouter des herbes aromatiques, des noix ou des noisettes hachées dans le crumble et remplacez les flocons de sarrasin par des flocons de quinoa.

TARTE MOUSSEUSE CHOCOLAT & PASSION

POUR 6 PERSONNES — PRÉPARATION 20 MIN — CUISSON 30 MIN — REPOS 3 H 30

Le mélange chocolat au lait
et fruit de la Passion est absolument divin.

PÂTE À TARTE
- 150 G DE FARINE DE RIZ
- 30 G DE POUDRE D'AMANDE
- 30 G DE SUCRE
- 30 G DE BEURRE
- 2 C. À S. DE CACAO
- 1 ŒUF

GARNITURE
- 3 FRUITS DE LA PASSION
- 8 CL DE LAIT
- 1 FEUILLE DE GÉLATINE
- 170 G DE CHOCOLAT AU LAIT
- 3 BLANCS D'ŒUFS + 1 JAUNE

Mettez la farine, la poudre d'amande, le sucre et le cacao dans un saladier. Ajoutez le beurre en petits dés et mélangez du bout des doigts. Ajoutez l'œuf entier, mélangez et formez une boule. Emballez la pâte dans du film alimentaire et placez au frais pendant 30 min.

Préchauffez le four à 180 °C (th. 6). Étalez la pâte à tarte entre deux feuilles de papier cuisson. Mettez-la dans un moule à tarte de 28 cm de diamètre en conservant les deux feuilles de papier cuisson. Répartissez des haricots secs sur le papier et enfournez pendant 20 min. Laissez refroidir.

Faites tremper la feuille de gélatine dans un bol d'eau froide et coupez le chocolat en petits morceaux. Coupez les fruits de la Passion en deux, récupérez la pulpe et mettez-la dans une passette au-dessus d'un bol. À l'aide d'une cuillère, écrasez-la afin de récupérer le plus de jus possible. Versez ce jus dans une casserole avec le lait. Portez à ébullition, puis ajoutez la gélatine égouttée et le chocolat. Mélangez jusqu'à obtenir une préparation homogène. Ajoutez le jaune d'œuf et mélangez de nouveau.

Montez les blancs d'œufs en neige ferme. Ajoutez petit à petit le mélange chocolaté aux blancs en neige. Mélangez à l'aide d'une spatule jusqu'à obtenir une préparation homogène. Versez sur le fond de tarte. Recouvrez de film alimentaire et placez au réfrigérateur pour au moins 3 h.

CONSEIL

Avant de servir, saupoudrez la tarte de cacao.

| POUR 6 TARTELETTES OU 1 TARTE | PRÉPARATION 20 MIN | CUISSON 1 H | REPOS 1 H |

TARTELETTES POMME & COING

Des petites tartelettes fondantes et réconfortantes pour l'entrée dans l'automne.

PÂTE À TARTE
- 180 G DE FARINE DE RIZ
- 30 G DE SUCRE BLOND DE CANNE
- 30 G DE POUDRE D'AMANDE
- 30 G DE BEURRE
- 1 ŒUF
- 1 PINCÉE DE SEL

POUR LA GARNITURE
- 3 POMMES
- 2 COINGS
- 1 C. À S. DE SUCRE BLOND DE CANNE
- SUCRE VANILLÉ

Dans un saladier, mélangez la farine de riz, le sucre, la poudre d'amande et le sel. Ajoutez le beurre en petits morceaux et mélangez. Ajoutez ensuite l'œuf et un peu d'eau, puis formez une boule. Emballez-la dans du film alimentaire et mettez au réfrigérateur pendant 1 h.

Après le temps de repos, préchauffez le four à 180 °C (th. 6), coupez la pâte en six et étalez chaque morceau de pâte entre deux feuilles de papier cuisson. Placez les morceaux dans les moules en conservant le papier cuisson du dessous, puis coupez le surplus de pâte. Enfournez et faites cuire à blanc pendant 20 à 30 min. La pâte doit être cuite.

Épluchez les pommes et coupez-les en petits dés. Mettez-les dans une casserole, ajoutez 1 c. à s. de sucre et un peu d'eau. Laissez compoter à feu doux pendant 20 min, puis mixez à l'aide d'un mixeur plongeant. Épluchez les coings à l'aide d'un économe, enlevez le cœur, puis coupez la chair en petits dés. Faites cuire ces dés à la vapeur environ 20 min, jusqu'à ce que la pointe d'un couteau y rentre comme dans du beurre.

Une fois les fonds de tarte cuits, étalez la compote. Déposez ensuite des coings et saupoudrez de sucre vanillé. Enfournez à nouveau une dizaine de minutes pour faire fondre le sucre. À déguster tiède ou bien frais, selon vos préférences.

> **CONSEIL**
>
> La saison des coings est courte, vous pouvez les remplacer par des fruits de saison.

TARTE À L'ORANGE

POUR 6 **PERSONNES** **PRÉPARATION** 30 MIN **CUISSON** 50 MIN **REPOS** 30 MIN

Le meilleur dans la tarte à l'orange :
le zeste confit !

PÂTE À TARTE
- 160 G DE FARINE DE RIZ
- 30 G DE SUCRE DE CANNE BLOND
- 30 G DE POUDRE D'AMANDE
- 30 G DE BEURRE
- 50 G DE PURÉE D'AMANDE
- 1 ŒUF

GARNITURE
- 3 ŒUFS
- 200 G DE SUCRE DE CANNE
- 2 ORANGES BIO
- 4 C. À S. DE CRÈME D'AMANDE

Mettez la farine de riz, le sucre, la poudre d'amande et le beurre coupé en petits morceaux dans un saladier. Mélangez bien, puis ajoutez l'œuf. Ajoutez un peu d'eau tiède pour former une boule. Emballez-la dans du film alimentaire et placez au réfrigérateur pendant 30 min. Préchauffez le four à 180 °C (th. 6). Étalez la pâte, puis mettez-la dans un moule à tarte. Couvrez-la de papier cuisson, déposez des haricots secs pour qu'elle ne gonfle pas et enfournez. Faites cuire à blanc pendant 15 min.

Lavez les oranges et prélevez le zeste en larges bandes à l'aide d'un économe. Coupez ces zestes en fines lamelles. Faites blanchir les zestes en les plongeant dans de l'eau bouillante pendant 3 min trois fois de suite et en changeant l'eau à chaque fois. Mettez-les ensuite dans une casserole avec 50 g de sucre et 10 cl d'eau. Faites-les confire à feu doux pendant 20 min. Égouttez-les et roulez-les dans 50 g de sucre. Réservez.

Pressez les oranges. Fouettez ensemble les œufs entiers et les 100 g de sucre restant au batteur pendant quelques minutes. Quand le mélange blanchit, ajoutez le jus d'orange et la crème d'amande. Versez le mélange sur le fond de tarte et enfournez. Faites cuire pendant 30 min. À la fin de la cuisson, laissez refroidir. Déposez le zeste confit sur la tarte et dégustez froid.

> **CONSEIL**
> Conservez cette tarte au réfrigérateur, elle est encore meilleure le lendemain.

TARTE ABRICOTS & ROMARIN

Abricot, romarin, amande, les douces saveurs de l'été…

POUR 6 PERSONNES — PRÉPARATION 20 MIN — CUISSON 40 MIN — REPOS 1 H

PÂTE À TARTE
- 140 g de farine de riz
- 40 g de poudre d'amande
- 80 g de beurre
- 30 g de sucre blond de canne
- 1 pincée de sel

GARNITURE
- 200 g de mascarpone
- 80 g de poudre d'amande
- 80 g de sucre blond de canne
- une dizaine d'abricots
- une branche de romarin

Dans un saladier, mélangez la farine de riz, la poudre d'amande, le sucre et le sel. Ajoutez le beurre coupé en petits morceaux et mélangez à la main. Ajoutez 1/2 verre d'eau et formez une boule. Emballez-la dans du film alimentaire et mettez au réfrigérateur pendant 1 h. Préchauffez le four à 180 °C (th. 6). Étalez la pâte et mettez-la dans un moule à tarte. Enfournez et faites précuire pendant 10 min, le temps de préparer la garniture.

Mettez le mascarpone dans un saladier, ajoutez la poudre d'amande et le sucre. Mélangez pour obtenir une préparation homogène. Lavez les abricots et coupez-les en deux. Étalez la préparation au mascarpone sur le fond de tarte, puis déposez joliment les abricots. Effeuillez le romarin sur les abricots, saupoudrez de sucre et enfournez. Faites cuire pendant 30 min. À la sortie du four, laissez refroidir. Dégustez tiède, saupoudré d'un voile de sucre glace.

CONSEIL

Pour une version plus légère, remplacez le mascarpone par 20 cl de crème d'amande. Remplacez le romarin par des pistaches hachées.

60

POUR 6 PERSONNES **PRÉPARATION 40 MIN** **CUISSON 15 MIN** **REPOS 30 MIN**

TARTELETTES MACARONS CITRON & FRAMBOISE

Le lemon curd maison, un petit péché mignon !

MACARONS
- 190 g DE POUDRE D'AMANDE
- 310 g DE SUCRE GLACE
- 3 BLANCS D'ŒUFS (ENVIRON 150 g)
- 95 g DE SUCRE DE CANNE

GARNITURE
- LE JUS ET LE ZESTE DE 1 CITRON BIO
- 80 g DE SUCRE DE CANNE
- 1 ŒUF
- 10 g DE MAÏZENA®
- 1 BARQUETTE DE FRAMBOISES

Préchauffez le four à 150 °C (th. 5). Tamisez la poudre d'amande avec le sucre glace. Montez les blancs en neige ferme en y ajoutant petit à petit le sucre de canne. Versez le mélange tamisé sur les blancs en neige. Mélangez énergiquement pour obtenir un mélange lisse et brillant.

Recouvrez une plaque de papier cuisson. À l'aide d'une poche à douille, formez 6 macarons d'environ 8 cm de diamètre en les espaçant suffisamment. Laissez croûter pendant 30 min environ. Enfournez et faites cuire pendant 10 min. À la fin de la cuisson, laissez refroidir, puis détachez les macarons du papier.

Mettez le jus de citron, le zeste, le sucre, l'œuf et la Maïzena® dans une casserole. Faites cuire à feu doux sans cesser de fouetter jusqu'à ce que le mélange épaississe. La cuisson dure environ 3-4 min. Une fois la crème prise, mettez-la dans un bol et laissez refroidir.

Répartissez la crème au citron à l'intérieur des coques à macarons. Déposez les framboises et servez.

CONSEIL

Avant de servir, saupoudrez d'un peu de sucre glace ou de pistaches concassées.

POUR **6** PERSONNES   PRÉPARATION **20 MIN**   CUISSON **35 MIN**   REPOS **1 H**

TARTE FRAISES, CRÈME AMANDE & MASCARPONE

Une tarte toute en délicatesse.

PÂTE À TARTE
- **180 G** DE FARINE DE RIZ
- **30 G** DE POUDRE D'AMANDE
- **30 G** DE SUCRE BLOND DE CANNE
- **30 G** DE PURÉE D'AMANDE
- **1** ŒUF
- **1** PINCÉE DE SEL

CRÈME
- **15 CL** DE CRÈME D'AMANDE
- **3** ŒUFS
- **100 G** DE SUCRE BLOND DE CANNE
- **1 C. À S.** DE MAÏZENA®
- **1 C. À C.** DE VANILLE EN POUDRE
- **250 G** DE MASCARPONE
- **250 G** DE FRAISES
- **30 G** DE CHOCOLAT BLANC

Mélangez la farine, le sucre, la poudre d'amande et le sel. Ajoutez la purée d'amande et mélangez à la main. Ajoutez ensuite l'œuf et un peu d'eau, puis formez une boule. Filmez et mettez au frais pendant **1 h**.

Préchauffez le four à **180 °C** (th. 6). Étalez la pâte et mettez-la dans un moule à tarte. Couvrez de papier cuisson et ajoutez des haricots. Faites cuire à blanc pendant **20** à **30 min**. La pâte doit être cuite. À la fin de la cuisson, laissez refroidir.

Fouettez légèrement le mascarpone dans un saladier. Dans un autre saladier, fouettez ensemble la crème d'amande, les œufs, le sucre, la Maïzena® et la vanille. Mettez le tout dans une casserole et faites chauffer doucement. Sans cesser de fouetter, laissez la crème épaissir. Attention, c'est très rapide : la crème va prendre en quelques instants. Versez sur le mascarpone et fouettez. Le mélange doit être homogène. Répartissez cette crème sur la pâte à tarte. Laissez refroidir.

Lavez les fraises et équeutez-les. Déposez-les harmonieusement dans la crème. À l'aide d'un économe, détaillez le chocolat blanc en petits copeaux. Répartissez-les sur la tarte. Dégustez !

CONSEIL

La tarte est meilleure le lendemain, placez-la au frais, recouverte de film alimentaire.

INDEX

sans gluten

A

Abricot 58
Ail 44
Amande (crème) 56, 62
Amande (poudre) 24, 30, 34, 52, 54, 56, 58, 60, 62
Amande (purée) 30, 56, 62
Artichaut à l'huile 48

B

Basilic 44, 48
Beurre 14, 22, 30, 32, 34, 40, 42, 50, 52, 54, 56, 58
Bicarbonate de soude 36

C

Cacao 52
Canard (magret) 40
Cannelle 30
Carotte 42
Champignon de paris 40
Chocolat au lait 52
Chocolat blanc 62
Citron 60
Coing 54
Courgette 44
Curcuma 42

D

Dequick Laurent 06

E

Échalote 40

F

Farine de châtaigne 18, 36
Farine de maïs 28, 42
Farine de pois chiches 44
Farine de riz 36, 40, 42, 44, 46, 50, 52, 54, 56, 58, 62
Farine de sarrasin 46
Farine pour pain sans gluten 12, 14, 16, 18, 20, 22, 24, 26, 28, 30, 32, 34, 48
Feta 46, 50
Fleur d'oranger 32, 34, 36
Flocons de sarrasin 16, 50
Fraise 62
Framboise 60
Fromage blanc 44
Fruit de la passion 52

G

Gélatine 52
Gomme de guar 12, 14, 16, 18, 20, 24, 28, 30, 32, 34
Graine mélangée 18

H

Herbes de provence 20, 28

J

Jambon fumé 48

L

Lait 14, 16, 18, 22, 26, 30, 32, 34, 36, 52
Levure de boulanger 12, 14, 16, 18, 20, 22, 24, 26, 28, 30, 32, 34, 48

M

Maïzena® 60, 62
Mascarpone 58, 62
Mélange à pain d'épices 36
Miel 36
Moutarde 44
Mozzarella 48

N

Noix 40

O

Œuf 14, 22, 26, 30, 34, 42, 44, 52, 54, 56, 60, 62
Oignon 28
Oignon rouge 46
Olive noire 28
Orange 56

P

Pesto 24
Petits suisses 42
Pignon de pain 24
Poireau 50
Pomme 54
Pomme de terre 20
Potimarron 46

Q

Quinoa (flocon) 40

R

Romarin 58

S

Sésame (graine) 22, 42
Soja (crème) 42
Sucre 52
Sucre de canne 14, 16, 18, 20, 22, 24, 26, 28, 30, 32, 34, 48, 54, 56, 58, 60, 62
Sucre en grain 32
Sucre glace 60
Sucre vanillé 54

T

Thym 46
Tofu soyeux 12
Tomate (coulis) 48
Tomate séchée 48

V

Vanille en poudre 62
Vergeoise brune 36

MES ADRESSES
sans gluten

Les adresses proposant des produits sans gluten sont encore rares en France contrairement à d'autres pays comme l'Italie, l'Angleterre ou les États-Unis. J'ai donc eu envie de partager mes bonnes adresses, que j'ai toutes testées et approuvées !

• • •

QUELQUES ENDROITS À PARIS OÙ J'APPRÈCIE DE POUVOIR MANGER SANS GLUTEN :

- Helmut Newcake
La pâtisserie 100 % sans gluten qui propose également des plats du jour et un petit coin épicerie avec une sélection de très bons produits. *36, rue Bichat, Paris 10ᵉ*

- Tugalik
Le restaurant qui propose une sélection de plats sans gluten. *4 rue Toullier, Paris 5ᵉ*

- Grom
Le glacier italien qui indique les allergènes contenus dans les glaces. *81, rue de Seine, Paris 6ᵉ*

- Chloé S.
La « cupcakerie » qui réalise, sur demande, des gâteaux sans gluten. *40, rue Jean-Baptiste Pigalle, Paris 9ᵉ*

Pour trouver d'autres adresses sans gluten partout en France, je vous recommande ce site qui les répertorie : *www.sortirsansgluten.com*

- Pour plus d'informations sur l'intolérance au gluten, rendez-vous sur le site de l'AFDIAG, l'Association française des intolérants au gluten : *www.afdiag.fr*.

• • •

VOILÀ MES BONNES ADRESSES
POUR ACHETER DES PRODUITS SANS GLUTEN :

- LES MAGASINS BIO : chacun propose une sélection différente et de nouveaux produits apparaissent très souvent. Prenez le temps de faire régulièrement le tour du rayon, mais attention, les prix sont souvent élevés. Ma marque préférée, c'est Schär®.

- LES SUPERMARCHÉS : Carrefour®, Casino® et Auchan® proposent leur propre gamme de produits sans gluten, dont les prix sont plus raisonnables. Ils sont en général rangés avec les produits bio et diététiques. On y trouve aussi des produits de la marque Gerblé® sans gluten.

- SUR INTERNET : là vous avez le choix, il existe de nombreux sites de vente en ligne de produits sans gluten. Je recommande l'Épicerie des allergiques® et Parallerg® (www.epicerie-des-allergiques.fr et www.parallerg.com)

RETROUVEZ D'AUTRES RECETTES ET BONNES ADRESSES SANS GLUTEN SUR MON BLOG, *www.claire-sansgluten.com*

REMERCIEMENTS DE L'AUTEUR

Merci à l'équipe des Éditions Culinaires pour m'avoir fait confiance, merci à Valéry et Natacha pour ces superbes photos, merci à ma famille pour leur soutien et merci à l'Amoureux pour avoir testé toutes les recettes…

DIRECTEUR DE COLLECTION
Emmanuel Jirou Najou

RESPONSABLE ÉDITORIALE
Alice Gouget

ASSISTANTE ÉDITORIALE
Églantine Lefébure

CRÉATION DES RECETTES
Claire Dupuy

PHOTOGRAPHIES
Valéry Guedes
Laurent Dequick

STYLISME
Natacha Arnoult

CONCEPTION GRAPHIQUE
Soins graphiques

EXÉCUTION ET PHOTOGRAVURE
Nord Compo

Dépôt légal 3ème trimestre 2012

ISBN : 978-2-84123-428-8

Copyright Lec. 2012
Les Éditions Culinaires
84, avenue Victor Cresson
92130 Issy-les-Moulineaux

    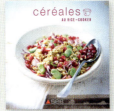 

LE CARRÉ DES MARQUES
pour vous faciliter la vie !

Retrouvez tous les titres de la collection
- chez votre libraire
- sur **accessories.home-and-cook**

Les Éditions Culinaires